FROTH
POEMS

Jarosław Mikołajewski

FROTH
POEMS

Translated from Polish by
Piotr Florczyk

CALYPSO EDITIONS

PIOTR FLORCZYK is editor and translator of *The Folding Star and Other Poems* by Jacek Gutorow (BOA Editions, 2012), *Building the Barricade and Other Poems of Anna Swir* (Calypso Editions, 2011), and *Been and Gone: Poems of Julian Kornhauser* (Marick Press, 2009).

CALYPSO EDITIONS
www.CalypsoEditions.org

By unearthing literary gems from previous generations, translating foreign writers into English with integrity, and providing a space for talented new voices, Calypso Editions is committed to publishing books that will endure in both content and form.
Our only criterion is excellence.

Polish text © by Jarosław Mikołajewski
Foreword © by Jacek Napiórkowski
English translation © by Piotr Florczyk
© 2013 by Calypso Editions
All rights reserved.

ISBN 10: 0983099995
ISBN 13: 978-0-9830999-9-4
No part of this book may be reproduced by any means without permission of the publisher.

Book Layout & Cover Design: Anthony Bonds

Cover image, *Mayflower, 2011*, courtesy of Yola Monakhov: yolamonakhov.com

Author photo courtesy of Maria Mikołajewska.

First edition, January 2013
Printed in the United States

This publication has been funded by the Polish Book Institute—the ©POLAND Translation Program

TABLE OF CONTENTS

Foreword by Jacek Napiórkowski ix

rzym 3.37 2
rome 3:37 a.m. 3

Kręgosłup mojej żony 4
My wife's spine 5

Materac 6
A Mattress 7

piana 8
froth 9

Między ziemią a nie 12
Between earth and not 13

Łąka 16
Meadow 17

Area aerea 20
Area aerea 21

Strefa wolnocłowa 24
Duty-free zone 25

muzeum antyku 26
museum of antiquity 27

nn 28
nn 29

Kora 30
Bark 31

wiersz urodzinowy na piętnastą
rocznicę śmierci mojego taty 34
birthday poem for the fifteenth
anniversary of my dad's death 35

Biała mama 40
White mom 41

pytanie 42
question 43

na skrzyżowaniu 44
at the intersection 45

ecce homo 46
ecce homo 47

Stara para 48
An old couple 49

godzina próby 50
the hour of truth 51

Miłosne wyznanie do żony, która razem
z dziećmi wybiera się w podróż samolotem 56
A love confession to my wife who together
with our children is about to travel by plane 57

Trumna z papieru 60
Paper coffin 61

requiem w santa cecilia 66
requiem in santa cecilia 67

W gorączce zabawy 68
In the heat of play 69

dolina	72
valley	73
Wujek Staszek	76
Uncle Staszek	77
pierwsze okulary	78
first glasses	79
Bardzo stary poeta	80
A very old poet	81
coś mnie zmartwiło ale zapomniałem	84
something got me worried but I forgot what	85
grzech snu	88
the sin of dreaming	89
betlejem	90
bethlehem	91
unia europejska	92
european union	93
niepokój	94
anxiety	95
ta rzecz	96
this thing	97
Acknowledgments	100
Biographical Notes	101

FOREWORD
JACEK NAPIÓRKOWSKI

Jarosław Mikołajewski made his debut in the 1990s, just after the political storm in Central and Eastern Europe, but the transition to democracy in Poland was not the decisive turning point in his artistic endeavors. As a professor of Italian literature, Mikołajewski, who was born in Warsaw, often traveled to Italy in the 1980s. These trips had a profound influence on his development as a poet. Mikołajewski is an eminent translator of Italian literature—of the *Divine Comedy*, of Pavese, Pasolini, Saba, and Ungaretti, among others—into Polish, but he has staunchly defended the independence of his own poetic expression, situating the drama of his speech on the intimate stage of "family theater." As such, Mikołajewski belongs to the tradition established by other Polish poets and writers, including his late friends Ryszard Kapuściński, Zbigniew Herbert, Wisława Szymborska, and Czesław Miłosz.

The deceased's father is the hero of many of Mikołajewski's volumes of poetry, a symbol of a cruel death, a cause of emptiness and ridicule, which brings the dead face-to-face with those destined to mourn their departure in solitude. Additionally, his poetry is populated by his daughters, wife, mother, uncle, friends, as well as a slew of random people whom we will meet one day somewhere in the hustle and bustle of life, effectively playing the roles of ad hoc protagonists in an absurd drama, to which the poet applies the compress of compassion and support. In his poetry Mikołajewski often warns about the invisible suffering, emotions, and injustice of everyday life—as someone affected not so much by the evil of the world as by its lack of sensitivity—yet he never loses sight of its beauty. Consequently, the poet identifies with the flawed hero, the unworthy father and husband, and a man somewhat defeated by the festering imperfections of life, passion, addiction, self-doubt—it is his way of compensating for all the wrongs, reminding us that balance, which is usually associated with harmony, is often triggered by asymmetry—that one must knead the mathematical equivalence. It is as reasonable a meter for poetry as jazz syncopation is for music, as in, say, the phenomenal, gentle drum-beat for five quarters in Miles Davis's "Kind of Blue."

Mikołajewski's poems are quiet and vocal at the same time, and some may find their language rather amusing. Their message is hidden among the invisible violence and the urging call for compassion, which is something that some fail to notice. But I believe that for many the poet's voice is the authentic testimony of what it means to burrow ceaselessly into existential matters. Among Polish poets writing today, Mikołajewski's voice is singular. His lines are recognizable but do not follow fashions or processions. He is the one who comes out in the city at night, thirsting for air, the rain, the smell of the buildings, alcohol, love, and all that which remains hidden but might be revealed one day.

FROTH
POEMS

rzym 3.37

cicho jest nad rzymem myślę że nad całą
ziemią

nie ma barier dla ciszy która wieje z warszawy

jest bryła nad światem
może raczej kryształ
albo ciszy mandorla

nad nami
ponad tym co pomiędzy
i daleko dalej

doskonała jest cisza tak że gdybyś westchnęła
albo zakasłała
rzym w jednej chwili byłby pełny ciebie
jak za kilka minut wypełni się mewą
i mową

powiedz
czy cisza jest też w stronę odwrotną

mój krok czy pozwala ci spać
i ten list

rome 3:37 a.m.

rome is silent and I think so is the rest
of the world

there are no barriers to the silence that blows from warsaw

there is a solid clump over the world
or perhaps rather a crystal
or the silence of the mandorla

above us
higher than what's between
and far beyond

the silence is so perfect that if you sighed
or coughed
rome would be full of you in a moment
just as in a few minutes it will fill with seagull
and speech

tell me
is there silence in the opposite direction too

my step—does it let you sleep
and this letter

Kręgosłup mojej żony

W porze oczekiwania
kręgosłup mojej żony jest gałęzią
pękającą od nadmiaru jabłek

pokorną aż do ziemi
z braku odporności

W noce czuwania
jej kręgosłup jest szalikiem
zaciśniętym na wychudłej szyi

W noce miłości zwierzęcej
Jest suwakiem walizki
która nie chce się dopiąć nawet pod kolanem

W noce miłości ludzkiej
jest stalową liną
szeleszczącą na wietrze pod najwyższym napięciem

Na południowym spacerze
kręgosłup mojej żony jest chorągiewką
przewodnika pielgrzymów w przeludnionym kościele

Na wieczór po dniu marszu
jest grupką wylęknionych dzieci
które zepsuły przedszkolne pianino
jest samą klawiaturą
zepsutego pianina

Pod wieczornym prysznicem
jej kręgosłup jest żmiją
w czujnym lenistwie na rozgrzanej drodze

Pod północną kołdrą
kręgosłup mojej żony jest jak drzazga płonąca w piecu
z którego rano wyjmę ciepły chleb

My wife's spine

And when my wife's pregnant
her spine is a bough
breaking under the weight of apples

humble all the way down to earth
from lack of resistance

On nights of keeping watch
her spine is a scarf
tightened around a slender neck

On nights of animal love
it is the zipper in a suitcase
that won't close, even under a knee

On nights of human love
it is the steel rope
rustling in the wind, at the highest voltage

On the noon walk
my wife's spine is the flag
carried by the pilgrims' guide in a crowded church

In the evening, after a day-long march,
her spine is a bunch of frightened kids
who broke the kindergarten's piano
it is the keyboard
of the broken piano

When she takes a shower
her spine is a viper
lazing watchfully on a sizzling road

Under the midnight comforter
my wife's spine is like a wood chip burning in the oven
from which I'll pull out warm bread at dawn

Materac

Ojciec nadmuchiwał nam go co lato.
Ma lat trzydzieści, może nawet więcej.
Ze szczelin wciąż jeszcze sypie się piasek.
W zgrubieniach wciąż oddycha powietrze jego płuc.

Dopóki go nie wyrzucę, dopóki nie przegryzą go szczury,
mój ojciec może pojechać nad morze.

Konserwa kaszlu.
Relikwiarz na leszczynowe kołki.
Pamiątka organiczna.
Balsam tchu beztroskiego.
Wieczny odpoczynek.

Miech zmartwychwstania.

A Mattress

Father blew it up for us every summer.
It's thirty years old, maybe older.
Sand still falls out of the deep creases.
The thick spots still breathe the air of his lungs.

Until I throw it away, until the rats chew through it,
my father can go to the beach.

Tinned cough.
Reliquary of hazel pegs.
Organic souvenir.
Balm of carefree breathing.
Eternal rest.

A bellow of resurrection.

piana

coś śmierdzi
powiedziałem kiedy weszliśmy do domu

że coś śmierdzi istotnie
powiedziała córka kiedy zostaliśmy we troje
(najmłodsza poszła do kuchni)

no coś śmierdzi niemożliwie
powiedziałem kiedy we dwoje weszliśmy na górę
(średnia została w salonie)

ale żeby aż tak pomyślałem
kiedy zostałem sam

obwąchałęm ręce
obejrzałem nogi
przeszukałem kąty

nic nie mogło śmierdzieć prócz mnie

wziąłem prysznic
została żółta piana

wykąpałem się w wannie
znowu piana

wenus była z piany
gęsta piana jest ze mnie

spłukując
stałem w wannie nad pianą

nabrała wody i pękła
a wtedy zobaczyłem że stoję nad sobą

froth

something stinks
I said when we came into the house

something really does stink
said my daughter when three of us were left
(my youngest daughter had gone into the kitchen)

yeah something stinks unbelievably
I said after the two of us came upstairs
(the middle daughter had stayed in the living room)

but what can stink so bad
I wondered when left alone

I sniffed my hands
I looked over my feet
I searched around in the corners

nothing could've stunk except me

I took a shower
yellow froth stayed behind

I took a bath
yellow froth again

venus was made of froth
this thick froth is mine

rinsing
I stood in the tub over the froth

it took on water and burst
and then I saw that I was standing over myself

uciekając do rury wielkie oczy robiła
wydzierała usta
odpłynąć nie chciała

płynny mój szkielet był u stóp moich

escaping down the drain its eyes widened
a scream twisted its mouth
it didn't want to float away

my liquid skeleton lay at my feet

Między ziemią a nie

ziemia głośno wyje
bo wszedłem na piętro
zejdź bo jestem głodna
skamle drapiąc drzwi

jej łakomy oddech
owiewa mi pięty
żona prosi żebym
uspokoił ją

zatrzaskuję okna
ziemia wyje głośniej
wychodzę na balkon
ona zgina łeb

rzucam jej owoce
woła *nakarm sobą*
i święcie przyrzeka
to ostatni głód

żeby mi pokazać
jak jest wychudzona
tarza się na grzbiecie
w kurzu swojej krwi

widzę góry żeber
hałdy suchej skóry
waruj wołam z góry
ona woła *zejdź*

zejdź a będę czuwać
zejdź a będę mruczeć
zejdź a będę ciepła
i miękka jak puch

Between earth and not

the earth howls loudly
because I've gone upstairs
"come down, I'm hungry"
she yelps, scratching the door

her greedy breath
is fanning my heels
my wife asks me
to calm the earth down

I shut the windows
the earth howls even louder
I walk out onto the balcony
she lowers her gaze

I throw her fruit
she yells "feed me with yourself"
and swears to god
"this is my last hunger"

to show me
how emaciated she is
she rolls around on her back
in the dust of her blood

I see mountains of ribs
heaps of dry skin
"stay put" I call from upstairs
"come down" she says

"come down, I'll be vigilant"
"come down, I'll hum for you"
"come down, I'll be warm
and soft like feathers"

nie schodź proszą dzieci
kiedy wkładam buty
ziemia warczy
             żona
prosi *coś z nią zrób*

"don't do it," the children plead
 as I put on my shoes
 the earth's growling
                my wife
 pleads "do something about her"

Łąka

Moje córki żywią się jak krówki

trawą
która rośnie na zielonych pastwiskach

mlekiem
które pobożnym zwierzętom
sączy się z przepełnionych wymion

moje córki piją napary
z ziół
o łacińskich imionach
a ich policzki pachną
jak jedwabne mieszki wypełnione lawendą

moje córki są całe jogurtem
chlebem i słońcem

żują słodkie płatki
polnych kwiatów
a ich włosy pachną
świeżo zroszoną maciejką

Żyję obok nich jak wieprz

jak zdechły pies
nad brzegiem kryształowej rzeki

który jeszcze nie stał się trawą

ani rosą
co frunie ku słońcu

ani wodą tej rzeki

Meadow

My daughters feast like calves

eating grass
that grows in green pastures

drinking milk
that seeps from the overfilled udders
of pious animals

my daughters drink
herbal teas
with Latin names
and their cheeks smell
like silk bellows filled with lavender

my daughters are all yogurt
bread and sun

they chew sweet petals
of wild flowers
and their hair smells
of fresh, dewy Evening Stock

I live beside them like a pig

like a dead dog
on the bank of a sparkling river

a dog that hasn't turned into grass yet

nor into dew
that flies towards the sun

nor into the water of this river

Ziemio mięsożerna
pochłoń już moje mięso

albo ukwieć mój oddech
zabalsamuj mi skórę

oh, carnivorous Earth
consume my flesh

or turn my breath into flowers
embalm my skin

Area aerea

Siedzę na lotnisku i bawię się słowami
l'amore la morte

siedzę na lotnisku i słucham
słów które się zestarzały
od ostatniej podróży

aeroporto i areoporto

ważę w dłoniach warianty
jak równo odlane bryły z betonu
i nie odchylam się na żadną stronę

ubiegłej wiosny tylko jeden
wydawał się trafny

nie umiem powiedzieć który

Siedzę na lotnisku i słucham
komunikatów w dobrze znanym języku

l'amore czy la morte
aeroporto czy areoporto
brzmią dzisiaj tak samo

siedzę na lotnisku i słyszę
jak starzeją się słowa

są jak w starym samochodzie
bieg pierwszy i wsteczny
na końcu wyrobionej prowadnicy

nie wiadomo który wskoczył
trzeba ruszyć by sprawdzić

Area aerea

I'm sitting at the airport, playing with words
"l'amore" "la morte"

I'm sitting at the airport, listening
to the words that have aged
since the last trip

"aeroporto" and "areoporto"

I'm weighing options in my hands
like two identical blocks of concrete,
and can't decide either way

last spring only one
seemed right

I can't tell which one

I'm sitting at the airport, listening
to announcements in a language I know very well

"l'amore" or "la morte"
"aeroporto" or "areoporto"
they all sound the same today

I'm sitting at the airport and hear
how the words age

they're like
the first gear and the reverse
of an old car's worn gearbox

it's hard to tell which gear clicked
one must drive to find out

Siedzę na lotnisku i słyszę
jak słowa starzeją się we mnie

są jak miękkie dziąsła
które gubią zęby
gotowe na ich powrót
w dowolnej kolejności

aeroporto czy areoporto
czy tylko jeden z nich ma prawo
wyprawiać areostatki do lotu

czy wszystko to jedno pilotom

I'm sitting at the airport and hear
how words age in me

they're like soft gums
losing teeth
ready for their return
in any order

"aeroporto" or "areoporto"
does only one of these have the right
to launch aeroplanes

or is it all the same to pilots

Strefa wolnocłowa

Na terminalu każdy się stawia
w aurze języka o wiele dalszego
niż kraj
z którego przybywa

w mowie każdego
znajduję coś z własnej mowy
i przez chwilę
jestem na wspólnej ziemi
na którą znosimy
zagubione strony rozproszonego słownika

przez chwilę
rodzimy się do wspólnego języka

jest w afrykańskich narzeczach
bardzo wiele z polszczyzny
a moja polszczyzna
ożywa pod różdżką indyjskiego brzmienia
pod promieniem syberyjskich
i germańskich tchnień

pod najsłodszym

ale nie trzeba czekać bardzo długo
żeby wyrosły himalaje
tundry i stepy

łożyska mowy
które toczą piany
do różnych zatok
odwróconych od siebie brzegami

Duty-free zone

In the terminal everybody shows up
speaking in the aura of a language far removed
from the country
they're coming from

in everybody's speech
I find something of my own language
and momentarily
I'm on common ground
where we gather up
the lost pages of a scattered dictionary

momentarily
we're born into a common language

there's much Polish
in the tributaries of African rivers
and my own Polish
comes alive under the wand of Hindu sounds
and the ray of Siberian
and Germanic sighs

under what's sweetest

but it doesn't take long
for himalayas
tundras and steppes to appear

the bearings of speech
that drive the froth
towards various bays
facing elsewhere with their shores

muzeum antyku

zasoby są ograniczone
wóz do nieba
wleczony przez koński cień

ptaki
fale

kilka drogich codziennych przedmiotów
lalka albo żona
grzebień

i jeszcze przewodnik
jakiś kruk
promień

cień na gablocie

museum of antiquity

resources are limited
a carriage to heaven
dragged by the horse's shadow

birds
waves

several expensive everyday items
a doll or a wife
a comb

and even a guide
some raven
a ray

a shadow on the display case

nn

wiersz który przeczuwasz
a on wszystko łączy z wszystkimi
napisał albo napisze nieznany poeta

nie kopiuj

ten wiersz jest już jego
on miał pomysł
gotowość

on zna wyrazy
dobrał słowa

wybrał język w którym się urodził
i ten dla którego język swój zdradził

sam się przetłumaczył
skazał się na podróż
opłacił hotel

za kilka dni przyjedzie ten sławny poeta
nieznany poeta nigdy nie przyjedzie

jest tak nieznany że sławnemu poecie
nie zadasz pytania co myśli o tamtym

nn

the poem you anticipate
the one that connects everything with everybody
has been written or will be written by an unknown poet

do not copy

this poem's already his
he had the idea
readiness

he knows the words
arranged them

he chose the language he was born into
and the one for which he betrayed his language

he's translated himself
sentenced himself to travel
paid for a hotel

in a few days the famous poet will arrive
the unknown poet will never come

he's so unknown that you will not ask
what the famous poet thinks about the other

Kora

Moi bliscy zmarli i moi bliscy żywi
żyją po przeciwległych stronach
tego samego snu

jedni mają mnie nocą
która dla nich jest dniem

drudzy mają mnie w dzień
po którym brodzą prawie po omacku

Już zasnął biedny zmęczony
mówią jedni
kiedy dla drugich parzę poranną kawę

jak wcześnie się obudził
myślą drudzy
kiedy tamci gaszą mi światło nad głową

Niekiedy pod warstwą zaschniętego mydła
przemycam grepsy
cichych zdrajców stanu

w jednej krainie składa się z nich dziennik
w drugiej krainie spisuje się sennik
i doczepia do karty śmiertelnej choroby

Ludzi gdy przerzucam
natychmiast znikają
w studniach wydrążonych przez ich własne cienie

I sam nie wiem dlaczego kiedy piszę te słowa
jestem w jednym miejscu
choć nie wiem gdzie jestem

mój palec na której serca półkuli
kiedy pytam pokazując na siebie

Bark

My dear dead ones and my dear living ones
live at the opposite ends
of the same dream

some have me at night
which is their day

others have me during the day
through which they grope around aimlessly

he's fallen asleep already poor tired thing
some say
while I brew morning coffee for the others

he awoke so early
some think
while the others turn the light off over my head

Sometimes under a layer of dried soap
I smuggle secret messages
from those guilty of high treason

in one province they make up a diary
in another province they fill dream books
and add to the chart of a fatal illness

When I shuttle people
they disappear right away
in the wells drilled by their own shadows

And I myself can't tell why when I write these words
I'm in one place
although I can't tell where I am

which hemisphere of the heart
does my finger point at when I point it at myself

Kto obok mnie
chodzi cicho na palcach
a kogo mam pogłaskać po szyi

I komu to wszystko
za jednym zamachem

Who is quietly tiptoeing
next to me
and whose neck should I stroke

and for whom is all of this
in one go like that

wiersz urodzinowy na piętnastą rocznicę śmierci mojego taty

piętnaście lat to co to?
chyba bierzmowanie?

piękny wiek
ho ho ho
młodzieniec pod wąsem
cała przyszłość przed tobą

czy masz już dziewczynę?

może masz chłopaka?

jak to jest w waszych czasach?
piętnaście to za wcześnie czy w sam raz
na raz pierwszy?

masz komórkę?
na kartę?

uważaj na abonament
ukradną
nabiją
ojciec się pogniewa

no właśnie
rodzice

czy nie rozwiedzeni?

mieszkasz z obojgiem?

tylko z matką
czy z ojcem?

birthday poem for the fifteenth anniversary of my dad's death

what's fifteen years?
must be time for confirmation?

beautiful age
wow wow wow
a moustached young man
your whole life ahead of you

do you already have a girlfriend?

maybe you have a boyfriend?

what's it like these days?
fifteen years — is it too soon or just right
for the first time?

do you have a cellphone?
prepaid?

watch your monthly bill
the phone might get stolen
your bill will be huge
your father will get mad

which reminds me...
your parents —

aren't they divorced?

you live with them both?

only with your mother
or your father?

jesteś za mały?
możesz jeszcze urosnąć

masz dryg do języków?
to kelnerski zawód

ja trochę tłumaczę
i nie mam pieniędzy

wybierz coś poważnego
może służbę cywilną
możesz być ministrem lub ambasadorem

księdzem raczej nie zostań

od śmierci papieża ludzie jakby mniej

tak
wiem Jezu pamiętam
co za kłębowisko

podnieca cię ciotka?
uważaj to może być dziewczyna
któregoś z twoich wnuków
ale byłoby głupio

szkoda chłopaków
zależy im na nich

lepiej się onanizować
to naprawdę nic złego
i wcale nie musisz się z tego spowiadać

nie ich rzecz
tych za kratką

you're too short?
you can still grow taller

you're good at languages?
it's a worthless skill

I translate a little
and have no money

choose something respectable
perhaps civil service
you can be minister or ambassador

better you don't become a priest

since the pope died, people no longer…

yes
I know…Geez…I remember
what a welter

you have a thing for your aunt?
be careful she could be the girlfried
of one of your grandsons
how embarrasing that would be

it's hard on the boys
they care about them

better to masturbate
it's really nothing bad
and you don't have to confess it

it's none of their business —
those behind the grille

masz trądzik?
nadmiernie się pocisz?
popijasz?

tylko nie za dużo
i nigdy samemu

i nigdy na kaca nie pij rannej wódki

czy bardzo cię drażnią obiady w niedzielę?

sztywniejesz na pytanie jak poszło ci w szkole?

jak cię dziś ubrali
na te urodziny?

przyjdzie ktoś do ciebie?

dostałeś już prezent?

za ciasną koszulę?

mówisz że pasuje?

sto lat
niech ci gwiazdka

idź
nie musisz być wierny

będziesz w moim wieku
czas przyjdzie i na to

chodź

you have zits?
you sweat too much?
you drink?

don't overdo it
and don't ever drink alone

and don't ever drink vodka to help with a hangover in the
    morning

do Sunday family dinners really annoy you?

you freeze up when asked about school?

what did they make you wear today,
on your birthday?

anyone coming over?

did you get a present already?

a shirt that's too small?

it fits, you say?

happy birthday
godspeed

go
you don't have to be faithful

when you're my age
there will be time for that

come

Biała mama

nie myślałem że istnieje ktoś mniejszy
ktoś drobniejszy i lżejszy
od maleńkiej córki
od Julki

że ktoś ciszej oddycha
tak że prawie nie słychać

ze złamaną ręką
i z wyjętą szczęką
prawie nie ta sama
na żelaznej kozetce mama
w korytarzu z napisem cisza

luli luli mamo
ale żebym słyszał

White mom

I never thought there was anyone smaller
anyone more petite and lighter
than a tiny daughter
than Julka

that anyone could breathe quieter
so you can hardly hear them

with a broken arm
and the dentures out
barely herself
my mom on the iron cot
in the hallway with the sign "silence"

hushaby hushaby mom
but so that I can hear

pytanie

przyszedłem na świat
na którym nie było ani mnie ani ciebie
ale ręce oklaskiwały już twoje stworzenia

twoje kwiaty łasiły się do tych stóp
ziarna na moich dłoniach układały się w garstki

ach jak byliśmy niepotrzebni

ja nie byłem stworzeniem
ale moje zmysły
o jakże tak

nie było mnie
ale byłeś już stwórcą

było po co to zmieniać

question

I came into the world
where there was no me or you
but hands were already applauding your creation

your flowers were fawning over these feet
grains formed into handfuls in my palms

oh how useless we were

I was not a creation
but my senses
o yes

there was no me
but you were already the creator

there was a reason for changing it all

na skrzyżowaniu

podchodzi mi starzec
mówią o nim że serb

długo na mnie patrzy
i żebrze o pieniądz
ja patrzę na światło
żebrząc o zielone

on patrzy wciąż na mnie
choć są inne auta

jak on ma na imię?

jest serbem jak mówią?

zapamięta tak patrząc
i wypatrzy tam gdzieś?

jest pięć tych skrzyżowań
na drodze do biura

są setki żebraków
i pięć długich świateł

długa jest ich pamięć
na dziś czy na zawsze?

będę tam przed nimi
uciekał slalomem?

podetną i obiją mi mordę niebieską?

da im pan bóg niebo
a mnie piekłem w długą?

at the intersection

I'm approached by an old man
they call the Serb

staring at me
he begs for change
I'm staring at the lights
and beg for the green

he keeps looking at me
though there are other cars here

what's his name?

is he a Serb like they say?

he'll remember me for good,
and spot me again elsewhere?

there are five intersections
on my way to the office

hundreds of beggars
and five long lights

how long is their memory—
good for today or forever?

I'll run away
slaloming between them

they'll cut and beat my face blue?

God will give them heaven
but send me on the long way to hell?

ecce homo

rany
w buk ten musiał latami bić piorun
jak ręka bijąca niemowlę na śmierć

ecce homo

poor thing
year after year this oak must've been struck by lightning
like the hand striking a baby to death

Stara para

Są jak dwie strony
przedwojennej wagi

jedna szalka
jego siatka z lekarstwami

druga jej torebka z ciastkami

co krok to walka
o stan równowagi

pośrodku wskazówka zakrzywionych dłoni

An old couple

They're like the two sides
of a pre-war scale

the left pan—
his bag of medicine

the right pan—her bag of sweets

every step is a struggle
for balance

in the middle the arrow of crooked hands

godzina próby

coraz częściej rozmyślam o godzinie próby

szykuję się na nią i czuję
że byłbym gotowy gdyby próba nadeszła

wyobrażam ją sobie

jest naprawdę trudna

jest ciemna jak źródło
i warto żyć dla niej

ćwiczę się w czujności
tak żebym

gdy przyjdzie

rozpoznał ją
stawił czoło
i wygrał

ale im częściej rzucam przyszłej próbie
zwycięskie wyzwanie
tym głębiej zapada
we mnie pewność
że próba już była

że ta moja wielka
szlachetna
trudna próba już przeszła

tak maleńka że nawet
mi się nie przyśniła

tak lekka
że dotąd nie zgarbiła mi życia

the hour of truth

more and more often I think about the hour of truth

I get ready for it, feeling
I'd be ready were it to arrive

I imagine it

the hour of truth is really difficult

it's dark like a wellspring
and worth living for

I practice vigilance
just so

when it comes

I could recognize it
rise to the challenge
and win

but the more I taunt the hour
with a victorious challenge
the more I am
convinced
that the test has come already

that my great
noble
difficult hour of truth has passed

it was so small that
I never even dreamt of it

so light
it hasn't so far crushed my life

a ja tej próby
próbą nie nazwałem

co najwyżej
pokusą
podszeptem
przynętą
i ja tej próbie nie tyle uległem
co zlekceważyłem by czekać na inną

tę którą dla siebie
bym sam przyszykował

czym byłaś próbo tak wielka
że blada

czym byłaś godzino tak wieczna
że żadna

czy gdybym cię wtedy rozpoznał
to miałbym
dość siły by wyjść ci naprzeciw i walczyć

grzebię w pamięci i łuskam tysiące
błahych wyborów
bezwładów
nastrojów

i nie ma niczego
co już bym pokonał

niczego
co nazwałbym tobą zwycięską
albo zwyciężoną

gdzie więc jesteś próbo

and I didn't call this test
a test

if anything it was only
a temptation
a whisper
bait
and I didn't so much give in
as ignore it to wait for another

the one
I would've chosen for myself

what were you, the hour of truth,
that you appeared so pale

what were you, the hour so eternal,
that you amounted to nothing

had I recognized you then
would I have had
enough strength to face you and fight

I rummage around my memory, shelling thousands
of trivial choices
inertias
moods

and there's nothing
I've managed to conquer already

nothing
for me to call you victorious
or defeated

so where are you, the hour of truth

czy z ciebie wychodzę
czy pnę się do ciebie

czy w tobie
jak w tym pytaniu
ugrzęzłem

am I leaving you now
or just heading your way

am I stuck
in you
as in this question

Miłosne wyznanie do żony, która razem z dziećmi wybiera się w podróż samolotem

Wybacz ale najpierw
opłakiwałbym nasze dzieci

trwogę o nie
mam w uprzywilejowanych
tunelach wyobraźni

Co w nich dokładnie grzebałbym
nie powiem

nie chcę dla hipotez
kusić bogów złośliwych

Lecz na ten dziwny i trudny przypadek
że jest tamta strona

a po tamtej stronie
jest czas
jest zawód
są łzy odrzucenia

na ten dziwny przypadek
i niewiarygodny
muszę Cię błagać o trudną cieprliwość

Nie od razu przejrzałabyś się
w mojej bezsenności

Twoja nieobecność sączyłaby się we mnie
jak tłusty olej
przez najcieńszą igłę

Twój zanik wytrącałby się w mojej naturze
jak rakotwórcze cząsteczki azbestu

A love confession to my wife who together with our children is about to travel by plane

Forgive me but first
I would mourn our children

my worry for them
dwells in the privileged
tunnels of imagination

What exactly I'd dig for in there
I will not say

I don't want to hypothesize
and tempt the malignant gods

But do so because of this strange and difficult case
that there is the other side

and on the other side
is time
is disappointment
are the tears of rejection

because of this strange
and incredible case
I have to beg you for difficult patience

Not immediately would you be able to see yourself
in my insomnia

Your absence would seep into me
like the thickest of oils
through the thinnest of needles

Your disappearance would knock about in my character
like carcinogenic particles of asbestos

Jak zakopana w ziemi rtęć
Twoje milczenie ze zbiorników powietrza
wyciekłoby dopiero po kilku dekadach

Jeden z tych
którzy są mną
umarłby z dziećmi
i dołączyłby do Was od razu

Ale drugi
ten który miałby umrzeć na Ciebie
umierałby bardzo powoli

Co zrobiliby pozostali
czy trwaliby przy tym drugim
przy Twoim

czy wspieraliby
czy byliby obok

nie wiem
nie znam ich natury

nie wiem do kogo należą i po co
nie wiem nawet czy są

Bądź zatem cierpliwa
Poczekaj

Nie odchodź

Nie lataj po tym
ani po tamtym świecie

Nie ruszaj się z miejsca
albo jeździj pociągiem

Like mercury buried in the ground
your silence would leak out from the air tanks
only after several decades

One of those
who is me
would die with the children
and join you all immediately

But the second
the one who would die from you
would be dying very slowly

What would the others do
would they stand by the second one
the one that's yours

would they offer support
would they stand beside him

I don't know
I don't know their character

I don't know whom they belong to and why
I don't even know whether they exist

So be patient
Wait

Don't leave

Don't fly around this
or the other world

Don't move
or just take the train

Trumna z papieru

ten sen mnie rozgrzeszył
z deptanych konwalii

ulżył mi
w krzyżu zbitym jak pies

umarł mój ojciec a ja byłem tak biedny
że nie miałem na trumnę dla niego

musiałem zaoszczędzić nawet na grabarzach

wziąłem stary karton po gazecie ściennej
w szkole do której chodziłem trzydzieści lat temu

narysowałem szkielet
czyli podstawę

tak jak uczono

potem krawędzie
i wypustki które trzeba posmarować klejem

wyciąłem tępymi nożyczkami dla dzieci
zagiąłem
i powlokłem gumą arabską

z mniejszej części arkusza zrobiłem wieko

tak jak skrzynię

krawędzie
wypustki
nożyczki i guma

nie pamiętam
jak go do niej wkładałem

Paper coffin

this dream absolved me
of the trampled lilies of the valley

gave me relief
in my lower back beaten like a dog

my father died and I was so poor
I couldn't afford a coffin

I even had to skimp on the gravediggers

I took an old cardboard of poster announcements
from the school I attended thirty years ago

I drew the frame
i.e. the base

as I was taught

then the edges
and the tabs you have to smear with glue

I cut them out with blunt kiddy scissors
folded them over
and covered them with gum

from the smaller part of the cardboard I made a lid

like a crate

edges
tabs
scissors and gum arabic

I don't remember
how I put him in it

może wyglądałoby to nazbyt śmiesznie jak na sen
który przyszedł mnie zbawić

w każdym razie
wbrew najgorszym obawom
wieko zamknęło się szczelnie
i pewnie leżało na szczycie
jak mówiłem
nie było pieniędzy na grabarzy
więc na odcinek z domu do kaplicy
wziąłem trumnę w ramiona

„dasz radę?"

„dam nie martw się mamo"

uniosłem
była lekka jak trumna dziecka

łaska mi sprzyjała
bo choć arkusz był miękki
trumna trzymała się sztywno

ruszyłem przez miasto
park ujazdowski
dom partii
nowy świat

palce mi grabiały na mrozie
ale wytrzymywałem bez przekładania z ręki na rękę
i bez proszenia o pomoc

nie odpowiadałem na powitania ludzi
pewnie teraz mają mnie za chama

nie wstydziłem się ubóstwa
nie uważałem że przynosi ujmę pogrzebowi

perhaps it would've looked too funny in the dream
that came to save me

in any case
despite my worst fears
the lid closed tightly
and stayed on the top
like I said
there was no money for the gravediggers
so I covered the distance from the house to the chapel
carrying the coffin in my arms

"can you manage?"

"yes, don't worry, mom"

I lifted it
it was light like a child's coffin

grace was on my side
for though the cardboard was soft
the coffin stayed rigid

I went through the city
Ujazdów Park
the Party headquarters
New World Street

my fingers grew numb in the cold
but I endured without shifting it from hand to hand
and without asking for help

I did not answer people's greetings
now they must think I'm a jerk

I wasn't ashamed of poverty
I didn't think it took anything away from the funeral

miałem je za źródło zwykłej niewygody

w kaplicy grabarze
którzy przedtem mówili
że bez trzech stów nie ma o czym mówić
rozpłakali się widząc
jak próbuję wcisnąć się z trumną
w ciasną komorę drzwi obrotowych

uruchomili niewidoczny mechanizm
rozsunęli przegrody
i wyszli mi naprzeciw

po raz pierwszy nie patrzyłem na nich jak na kruki
które nadfrunęły żeby odciąć mi ciało
po raz pierwszy poczułem prostą wdzięczność
za ulgę

oddałem papierową trumnę w ich ręce
mój kręgosłup wzrósł jak młode drzewo i wypuścił liście

po raz pierwszy w życiu
miałem sen bez wyrzutów sumienia

po raz pierwszy oddając ciężar
poczułem się nie cięższy lecz lżejszy

po raz pierwszy poczułem
że jestem dzieckiem które ma wszystko przed sobą

zmarłych pogrzebanych
niebo zadziwione
i ludzi przychylnych na ziemi

I saw it as a source of usual discomfort

in the chapel the gravediggers
who had said earlier
that without three hundred bucks there was nothing to talk about
wept when they saw
how I tried to squeeze in with the coffin
through the narrow chamber of the revolving door

they turned on an invisible mechanism
slid open the dividers
and went out to meet me

for the first time I didn't look at them as ravens
that flew in to cut off my body
for the first time I felt simple gratitude
for relief

I placed the paper coffin in their hands
my spine shot up like a young tree and sprouted leaves

for the first time in my life
I had a dream without remorse

for the first time when handing off a burden
I felt not heavier but lighter

for the first time I felt
I was a child with everything still in front of him

the buried dead
the amazed sky
and sympathetic people on earth

requiem w santa cecilia

tak chyba się wchodzi do raju

jak orkiestra na koncert

dostają aplauz ale jeszcze wstępny
rozmawiają o polityce
o chorobach
bez lęku

nie zazdroszczą
nie unoszą się gniewem

pierwszy skrzypek
nie ma za złe soliście

oni stroją instrumenty
my kaszel

tak to widać z góry
z tych gorszych miejsc za sceną
gdzie twarz przed sobą mamy dyrygenta

requiem in santa cecilia

this must be how one enters paradise

like an orchestra about to give a concert

they're greeted by applause but it's still preliminary
they discuss politics
diseases
without fear

they're not jealous
don't fly into a rage

the first violinist
doesn't hold a grudge against the soloist

they tune their instruments
we tune our coughs

that's the view from above
from those inferior seats behind the stage
where the face before us is the conductor's

W gorączce zabawy

lalka większa jest mamą
lalka mniejsza córką

trzeciej lalki nie ma
a przecież mniejsza ma już własne dziecko
więc większa musi stać się swoją wnuczką

żołnierz niebieski jest dobry
żołnierz czarny jest zły

nie ma trzeciego żołnierza
a przecież trzeba wesprzeć niebieskiego
w walce z czarnym

i oto czarny ginie w walce z sobą
i jest jeszcze lepszy od tego dobrego
któremu przed chwilą śmiertelnie zagrażał

kto będzie wilkiem
kiedy się zmieni zabawa?

niebieski czy czarny?

a jeśli czarny to ten jeszcze lepszy
czy ten zły
wciąż w tej samej osobie?

i kogo zje wilk jeśli mniejsza
nie chce oddać najmniejszej na czerwonego kapturka?

zrobi z dziecka swą matkę
i rzuci na pożarcie żołnierzom?

i w której chwili przyjdzie koniec świata?

In the heat of play

the bigger doll is the mom
the smaller doll is the daughter

there is no third doll
and yet the smaller one already has its own child
so the bigger one has to become its own granddaughter

the blue soldier is good
the black soldier is bad

there is no third soldier
and yet support is needed for the blue one
in its fight against the black one

and now the black one is killed in battle with itself
and is even better than the good one
whom he had threatened with death a moment ago

who will be the wolf
when the game changes?

the blue one or the black one?

if the black one then is he still the good one
or the bad one
still in the same person?

and whom will the wolf eat if the smaller one
doesn't want the smallest to play Little Red Riding Hood?

will she turn the child into her mother
and throw her to the soldiers?

and in which moment will the end of the world come?

jak zmartwychwstanie większa
jak mniejsza?

jako babcia czy matka
jako córka czy wnuczka?

jak zmartwychwstanie czarny
a jak niebieski?

który z nich jako wilk
a jako bohater?

który jako ofiara czarnego?

when the bigger one rises from the dead
when the smaller one does?

becoming grandmother or mother
daughter or granddaughter?

when the black one rises from the dead
when the blue one does?

which of them as the wolf
which as the hero?

which one as the black one's victim?

dolina

do valle giulia schodzę razem z julią

razem z nami schodzą panowie i panie
a z nimi psy nieuwiązane

i żona schodzi
i dwie starsze córki

a każda w portfeliku ma zdjęcia
obu babć
dziadka
i drugiego dziadka
który do valle zszedł z nami już dawno

kiedy schodzimy
słychać słonie
i pawie

może to tygrys pyta julka

może

w valle giulia
słońcu kłania się trawa
a słońce trawie

i jest to słońce w trawie jak lew
który wgryza się w ziemię

i jest to dziwna pogoda jak na ten sezon zimowy
nawet tu w rzymie gdzie w styczniu najwyżej
stopni dziesięć a tu proszę

valley

I descend to the valle giulia with julia

and with us descend gentlemen and ladies
and with them dogs without leashes

and the wife descends
and the two older daughters

and each carries pictures in her wallet
of both grandmothers
of grandfather
and the other grandfather
who descended to the valle with us long ago

when we descend
we hear elephants
and peacocks

maybe it's a tiger asks julka

maybe

in the valle giulia
the grass bows to the sun
and the sun bows to the grass

and this sun in the grass is like a lion
biting its way into the ground

and the weather is strange for this winter season
even here in rome in january the temperature doesn't top
ten degrees but voilà

tak ciepło o tej porze wieczornej
że z domów wychodzą
i schodzą z nami na dno valle giulia
syreny miejskie i syreny morskie
ukwiały i kwiaty
egipcjanie
sprzedawcy
masażyści i księża

fryzjerki o nogach różnego rodzaju
te co wyżej długie
które niżej krótkie

a każdy moczy stopy w swoim cieniu
który spływa po trawie jak strumyk

it's so warm now in the evening
that leaving their houses
and descending with us to the bottom of the valle giulia
are city sirens and sea sirens
anemones and flowers
egyptians
salesmen
masseurs and priests

female hairdressers with legs of various kinds
those higher up with long ones
those below with short

and everybody soaks their feet in their own shadow
that flows across the grass like a stream

Wujek Staszek

zostały mi po nim
landrynki wyssane przez kieszeń
i nagrany na wideo kaszel

Uncle Staszek

all he's left me are
hard candy sucked dry by a pocket
and his cough on a video tape

pierwsze okulary

słowa jak drzewa
lizane przez słońce

coraz mniej znaczą litery
coraz więce żyłki papieru
szkielet kartki
piszczele druku

first glasses

words like trees
licked by the sun

letters mean less and less
more and more do the veins of paper
the skeletons of pages
the crossbones of print

Bardzo stary poeta

Szedłem na spotkanie
z bardzo starym poetą

tak starym że gdyby był dębem
miałby dziś tysiąc lat

Pamiętałby braci
którzy stali się czółnem

pamiętałby
że mógł zostać szafą

albo świętym Sebastianem
w centralnym czy bocznym ołtarzu

że jego część dolna
mogłaby stać się pniem dla toporu
(dziś w muzeum średniowiecznych tortur)
a górna
setkami tysięcy zapałek
(dziś w popiele ognisk na bieszczadzkich zboczach)

Szedłem do bardzo starego poety

miałem uważać to na jego nerwowość
to na nieobecność

ani się miałem spostrzec
a miało go nie być
ani się zorientować
a miał mnie zrzucić ze schodów

miałem być jak rybak
co obejmuje syrenę

A very old poet

I was walking to meet
a very old poet

so old that if he were an oak
today he'd be a thousand years old

He would remember his brothers
who became the canoe

would remember
that he could've become a wardrobe

or Saint Sebastian
in the central or the side altar

that his lower part
could've become a stump for the ax
(today in the museum of medieval torture)
and the upper
hundreds of thousands of matches
(today in the ash of bonfires on the slopes in Bieszczady)

I was walking to meet a very old poet

I was told to watch out for his nervousness
and his absentmindedness

before I would notice it
he would disappear
before I would realize it
he would throw me down the stairs

I was to be like a fisherman
hugging a mermaid

Szedłem do poety
który mógł być dębem
wzdłuż parku drzew
które były jak maski

zaglądałem do dziupli
bez wiewiórek i ptaków

dotykałem kory jak powiek
sklejonych strugami skamieniałej żywicy

Szedłem do bardzo starego poety
wśród drzew jak wśród zbroi
o zamkniętych przyłbicach

Kiedy wszedłem do domu bardzo starego poety
schody którymi mógł być
gdyby był dębem
skrzypiałyby matowo i martwo

Kiedy wszedłem do mieszkania
powitał mnie stojąc

w tysiącletnich palcach zacisnął laskę którą
mógłby być sam gdyby był dębem

i ważąc w dłoni los dębu którym
mógł być chociaż nie był
zrobił czego żaden dąb by nie zrobił
gdyby miał lat tysiąc albo dwa

zrobił krok
posłuszny swojej woli dębu

i zaszumiał liśćmi
młodymi jak ziemia

I was walking to meet a poet
who could've been an oak
in an avenue of trees
that were like masks

I peeped into the hollows
without squirrels and birds

I touched the bark like eyelids
glued shut with streams of fossilized resin

I was walking to meet a very old poet
among trees as though among suits of armor
with closed helmet visors

When I entered the building of the very old poet
the stairs he could've been
had he been an oak
creaked dully and lifelessly

When I entered his apartment
he greeted me standing

in his thousand-year-old fingers he clenched a cane
that he could've been had he been an oak

and weighing in his hand the fate of the oak tree
that he could've been but wasn't
he did something no oak could've done
be it one or two thousand years old

he took a step
obedient to his oak will

and rustled the leaves
that were young as the earth

coś mnie zmartwiło
ale zapomniałem

jestem zmartwiony
coś jest zapomniane

co dzieje się z zapomnianym?

robaczywieje
łuszczy się
popuszcza?

traci włosy?

coś mnie zmartwiło ale zapomniałem

jestem zmartwiony
coś się uleczyło?

coś się zabarwiło
zrosło się
przybrało?

wychudło?

na amen?

coś wydobrzało a ja się zamartwiam

tracę wszystko
popuszczam
płowieję?

biedny on się głowi
a ja się zamartwiam

łuszczę się?

something got me worried but I forgot what

I'm worried
something is forgotten

what happens to the forgotten?

gets worm-eaten
flakes
lets go?

loses its hair?

something got me worried but I forgot what

I'm worried
something healed itself?

something's taken on color
coalesced
gained weight?

got skinny?

for good?

something got better but I worry

I lose everything
let go
fade?

poor thing he racks his brains
while I worry

am I flaking?

tracę farbę i rozum?

coś o co się martwię
też już się zamartwia
i nie wiem już o co
czemu pęka lakier

rośnie dzikie mięso?

pęka pierś czy szew

losing my color and mind?

the something I worry about
is also worrying now
and I no longer know what about
why the paint cracks

proud flesh grows?

a muscle or a stitch bursts

grzech snu

kiedy
według jakich kodeksów
czy w ogóle
odpowiem za sny tak zbrodnicze
że emisji w dzienniku zabronić przed piątą

na podstawie czyjego rachunku
mojego sumienia

bramkarze snów przepuszczają co tysiąc
co drugi trafiony nie pamięta trafień

the sin of dreaming

when
according to what codes
if at all
will I answer for dreams so sinister
that they couldn't be shown on the five o'clock news

on whose account
of my conscience

do the bouncers of dreams let in every other thousandth
while every other that's hit doesn't remember the hits

betlejem

żebym siebie polubił to nie

z czasem jednak widzę
że moje bestialstwo
i bydlęctwo moje
ma swoje miejsce

swoją godność i rangę

kiedy julka przychodzi
żeby ogrzać się w nocy

jak kiedyś marysia mówiąc
jesteś piecyk

a zosia wbijając chłodne palce w szyję

myślę że nie jestem
więc ja tylko świnią

jestem bowiem dla moich córek
czym dla jezusa
oddech wołu
śmiech baranka
podmuch z nozdrzy osła

a dla chłopców na słomie ciepło dojnej krowy
lub z wielkiego jej zadu ciepły gnój

bethlehem

liking myself is not my thing

but over time I see
that my beastliness
and my bovinity
have their place

their dignity and rank

when julka comes
to warm up at night

as marysia used to do saying
you're a stove

or the way zosia used to dig her cool fingers into my neck

I think that I'm not
only a pig then

I am in fact for my daughters
what an ox's breath
a lamb's laughter
a blast from a donkey's nostrils
were for jesus

and what the warmth of a milk cow is for the boys on the straw
or the warm dung from her big rump

unia europejska

za mało biorę do siebie

że wyszedłem w deszcz
miałem wrócić
ale wyszło słońce

pojechałem na cmentarz nieznany
położyłem rękę na grobie
powiedział wstań trupie

wstałem
poszedłem

za mało biorę do siebie
zmiany pogody
przejaśnienia

chciałem pójść w lewo
a siedzę na brudnie z ręką w grobie taty

mój łokieć tęcza nad europą

european union

I don't take enough personally

that I went out in the rain
had to go back
but the sun came out

I went to visit an unknown cemetery
I put my hand on his grave
he said rise you corpse

I got up
I went

I don't take enough personally
changes in the weather
clearings-up

I wanted to go to the left
but I'm sitting in the rough with my hand on my father's
    grave

my elbow a rainbow over europe

niepokój

każda karetka jedzie do moich córek
każda woda sięga im do gardła
każdy żandarm wali do ich drzwi

dzik każdy odgrzebuje niezliczone ciała
złodziej każdy czyha mi na brata
każda osteoporoza dziurawi kości mamy

każdy pocisk zabija schulza
zator każdy odcina nogę ryśka
każdy świerzb wygryza sierść mojej suki

każda ręka strzela w głowę hemingwaya
na mnie nie zasadza się nic

anxiety

every ambulance rushes to my daughters
every water reaches up to their throats
every gendarme pounds on their door

every boar unearths countless bodies
every thief lurks awaiting my brother
every osteoporosis hollows my mother's bones

every bullet kills bruno schulz
every embolism cuts off rysiek's leg
every scabies eats away my bitch's fur

every hand shoots hemingway in the head
nothing lies in ambush for me

ta rzecz

dobrze jej nie nazwać
zresztą nie ma imienia

niektórzy mówią że jest tamtą rzeczą
co niby nic nie zmienia a jednak oddala

ta rzecz
wszyscy wiedzą
nie jest samą rzeczą

nie jest rzeczy środkiem
ani rzeczą tylko

nie biorę jej pod uwagę w grze w dwadzieścia pytań
bo jak odpowiedzieć
jeżeli nie
nie wiem

czy można tego dotknąć
czy to jest w pokoju
czy ma jasne włosy

czy widzi cię w chwili kiedy ty nie widzisz

nie wiem
nie wiem
nie wiem
sto tysięcy nie wiem

gdybym przetłumaczyć tę rzecz na nepalski
wyszedłby wyraz podobny do yeti

gdyby na inne zabrzmiałaby słabiej

ale i tak by chodziła po śniegach
z których nikt nie wrócił

this thing

it's good not to call it anything
it has no name anyway

some say that it is that thing
which does not change anything yet pushes away

this thing
everyone knows
is not just a thing

it's not a thing's center
nor only a thing

I do not take it into account in the game of twenty questions
for how else to answer
if not with
I don't know

can one touch it
is it in the room
does it have fair hair

does it see you when you don't see

I don't know
I don't know
I don't know
a hundred thousand I don't know's

if this thing got translated into nepalese
an expression similar to the yeti would emerge

in other languages it would sound weaker

but still it would travel in the snow
from which no one's returned

nie wiem
nie wiem
nie wiem

kiedy się budzę nie wiedząc gdzie jestem
ani skąd jestem
dokąd idę gdy leżę
tą rzeczą to ty się wydajesz
lecz nie wiem

wyciągam ręce
ale zaraz widzę
że to niedorzeczne
bo miękkie i żywe

niedorzeczne
jakie piękne to słowo

nie prowadzi do rzeki
ani do rzeczy
nie jest źródłem
korytem

jest urwanym dopływem

kto wie czy tej rzeczy
nie szukać mi głębiej
w tobie albo nie wiem

I don't know
I don't know
I don't know

when I wake up not knowing where I am
or where I'm from
where I'm heading while lying down
you seem to be this thing
but I don't know

I reach out with my hands
then quickly see
it's all nonsensical
because it's soft and vibrant

nonsensical
what a beautiful word

it doesn't lead to sense
or to things
it's not a wellspring
or a river bed

it's a broken tributary

who knows if I shouldn't seek
this thing somewhere deeper
in you or I don't know

ACKNOWLEDGMENTS

Many thanks to my friends—Veronica Andrew, Piotr Gwiazda, Jacek Napiórkowski, Ilya Kaminsky, Adam Zagajewski, and, especially, Boris Dralyuk—who offered suggestions on the translations and supported this book from the start.

These translations are of poems originally collected in *Zbite szklanki* (2011) and *Na wdechu* (2012), published by Wydawnictwo Literackie in Poland.

Special thanks to Jarosław Mikołajewski, poet extraordinaire, and to Calypso Editions.

—Piotr Florczyk

BIOGRAPHICAL NOTES

JAROSŁAW MIKOŁAJEWSKI (b. 1960) is a poet, short story writer, essayist, journalist, and translator from the Italian. His ten volumes of poetry have been met with wide acclaim both in Poland and abroad, winning the poet many prizes, among them the Capital City of Warsaw Literary Award and the Kazimiera Iłłakowiczówna Award. His collection of essays, *Rzymska komedia* (*Roman Comedy*, 2011), inspired by his prolonged stays in Rome and the *Divine Comedy*, earned him a nomination for the most siginificant literary prize in Poland, the Nike Award. Jarosław Mikołajewski lives in Warsaw.

JACEK NAPIÓRKOWSKI (b. 1966, in Rzeszów) is the author of numerous poetry collections as well as a collection of short stories. He edits the esteemed literary journal *Nowa Okolica Poetów*.

PIOTR FLORCZYK is a poet and translator from his native Polish. He lives in Santa Monica, California.

Calypso Editions is an artist-run, cooperative press dedicated to publishing quality literary books of poetry and fiction with a global perspective. We believe that literature is essential to building an international community of readers and writers and that, in a world of digital saturation, books can serve as physical artifacts of beauty and wonder.

CALYPSO EDITIONS

INFO@CALYPSOEDITIONS.ORG | WWW.CALYPSOEDITIONS.ORG

Also available from
CALYPSO EDITIONS
Order at www.CalypsoEditions.org

BUILDING THE BARRICADE
AND OTHER POEMS OF ANNA SWIR

Poetry
Translated by
Piotr Florczyk

ISBN-13: 978-0-9830999-1-8

OF GENTLE WOLVES: AN
ANTHOLOGY OF ROMANIAN POETRY

Poetry
Translated & Edited
by Martin Woodside

ISBN-13: 978-0-9830999-2-5

USE

Poetry
by Derick Burleson

ISBN-13: 978-0-9830999-5-6

Calypso Editions looks like a press worth paying attention to.
—CHAD W. POST, *THREE PERCENT*

www.ingramcontent.com/pod-product-compliance
Lightning Source LLC
Chambersburg PA
CBHW072013290426
44109CB00018B/2226